Illisibilité partielle

VALABLE POUR TOUT OU PARTIE
DU DOCUMENT REPRODUIT

1. Armateurs et marins bretons d'autrefois. — Un voyage au long-cours au commencement du 18e siècle : de Brest aux îles françaises d'Amérique.
2. Les premières courses de Duguay-Trouin.
3. Les comptes Cte M. de Balleroy, chef d'escadre (Brest, 1776-1780)
4. Lettres inédites de Th. M. Laennec.
5. Revolte d'écoliers au collège (18e s.)
6. Le procès de Louis XVI et la Révolution du 31 mai, d'après les lettres inédites de Bohad, député de Brest à la Convention nationale
7. Le meurtre et le Cannibalisme rituels.
8. Aperçu général de la Criminalité militaire en France.
9. Notes et réflexions sur la Justice criminelle en France : à propos de l'affaire Anastay.

8° Z
14929

LE

PROCÈS DE LOUIS XVI

ET LA RÉVOLUTION DU 31 MAI

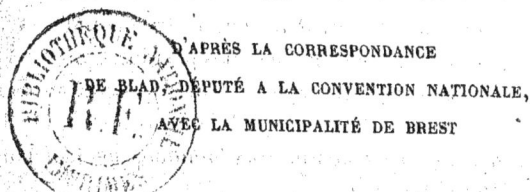

D'APRÈS LA CORRESPONDANCE
DE BLAD, DÉPUTÉ A LA CONVENTION NATIONALE,
AVEC LA MUNICIPALITÉ DE BREST

J'ai rencontré aux archives municipales de Brest, entre autres correspondances de l'époque révolutionnaire, celle de Blad (Claude-Antoine-Augustin), député de Brest à la Convention nationale, avec la municipalité de la ville. Elle est composée de 83 lettres ; elle donne un tableau curieux des événements qui se sont déroulés à Paris, des séances de la Convention, de l'état de l'opinion publique, au cours d'une période de douze mois (la première lettre est d'octobre 1792, la dernière de septembre 1793). Nous en extrayons les parties qui nous ont paru le plus significatives pour l'histoire de la période qui s'étend du procès de Louis XVI, à la révolution du 31 mai, comme l'indique le titre de cet article. Mais nous donnons aussi quelques fragments extraits de la suite de cette correspondance, afin que le lecteur ait une idée de l'ensemble.

Blad, dans sa correspondance, se montre patriote ardent, républicain sincère ; il est au fond sympathique aux Girondins, comme le plus grand nombre des hommes politiques de son département ; mais il n'apparaît point parmi leurs défenseurs et, lorsqu'ils sont terrassés, il se tait, laissant à « ses concitoyens » le soin de se faire une opinion propre d'après les feuilles publiques. (La fièvre, dont il se plaint dans ses lettres de juin et de juillet, indiquerait sans doute que l'événement l'a néanmoins très impressionné). Il semble avoir pris toutes précautions pour éviter de se compromettre dans l'affaire des administrateurs du Finistère, décrétés d'accusation comme fédéralistes : il ne peut se dispenser de s'en occuper, mais il agit par voie indirecte, s'effaçant, en quelque sorte, derrière des personnalités puissantes. Il n'en fut pas moins mis en état d'arrestation. Le 9 thermidor le rendit à la liberté et à la Convention, où il se déclara dès lors très hostile aux hommes de l'ancien parti de la Montagne.

Je n'ai pas d'ailleurs à le suivre au delà de sa correspondance, et, comme plusieurs recueils de biographies spéciales ont parlé de ce personnage, je ne retracerai ici ni son rôle, ni sa conduite politiques.

Blad signe ses lettres en accolant à son nom l'épithète de « citoyen libre ».

Dr A. CORRE.

I

Paris, le 10 décembre 1792 (1).

...... Demain le ci-devant Roi paraît à la barre (2). Les plus grands préparatifs sont déjà faits pour éviter que la tranquillité publique soit troublée. Toute la force armée de Paris sera sur

(1) Selon notre habitude, pour les documents de cette époque, nous ne reproduisons pas les particularités orthographiques de la correspondance de Blad : elles n'auraient aucun intérêt historique. (N. D. L. R.)
(2) Dans une lettre du 8, où il est question de la discussion relative à « la conspiration de la Cour », on lit : « Vous verrez, par les détails que vous donneront à ce sujet les papiers, que notre roi était plus méchant que bête et que l'immortel Mirabeau, pour de l'argent, faisait tout ce qu'on voulait. »

pied. Nous espérons d'après les précautions prises, que la Nation n'aura pas à rougir d'un assassinat dont on nous menaçait ces jours derniers, et que, si le traître Louis perd la tête, ce sera sous le glaive de la justice qu'elle tombera......... Paris est tranquille; la grande affaire, le jugement du ci-devant Roi occupe seule. Les opinions sont partagées dans la ville de Paris, mais je crois pouvoir vous dire d'avance que, dans l'Assemblée, il y a une grande majorité décidée à voter pour la mort du traître, et je ne pense pas que les opinions changent, car je crois qu'il est impossible que dans son interrogatoire il se justifie. Les crimes sont trop prouvés et il ne nous est pas permis, à nous représentants du peuple, d'écouter le sentiment de la pitié, lorsque nous aurons à prononcer sur le sort d'un coupable dont les forfaits ont compromis le repos et la liberté d'une nation entière.

II

Paris, le 12 décembre 1792, l'an Ier de la Répub. franç.

Chers compatriotes,

Louis a paru hier à la barre.

Avant-hier, on avait discuté les chefs d'accusation d'après lesquels devait être rédigé l'acte énonciatif des forfaits imputés au ci-devant Roi. On s'attendait à entendre peu de temps après la lecture de l'acte rédigé. Mais Lindet demanda 25 minutes de délai. Elles furent accordées. On s'occupa pendant cet intervalle d'autres propositions. Bientôt Garan-Coulon vint nous annoncer qu'il fallait toute la nuit pour la rédaction de l'acte, et la séance fut levée à 11 heures du soir.

Le lendemain à 8 heures, nous étions tous réunis. Diverses propositions additionnelles furent faites; plusieurs faits avaient été omis; il fut décidé qu'ils feraient partie des questions formant l'interrogatoire de Louis; Valazé, second rapporteur, parut enfin à la tribune, lut l'acte énonciatif des forfaits de Louis depuis 1789 et la série des questions à lui faire. Après quelques légers débats, le tout fut adopté. Barbaroux avait lu le rapport des 21.

Le commandant de la garde nationale attendait à la barre les ordres de l'Assemblée. Ils lui furent bientôt transmis par le président, qui lui fit remettre l'ordre par écrit de traduire Louis à la barre. Le départ de Santerre occasionna dans les tribunes un léger mouvement qu'on doit attribuer plutôt à l'impatiente curiosité des citoyens qu'à tout autre motif. Manuel proposa de s'occuper en attendant de la loi sur les émigrés ; cette proposition adoptée, Osselin rapporteur nous lut quelques articles ; ils furent discutés, amendés et enfin décrétés.

Un aide de camp entre et annonce l'arrivée prochaine du ci-devant Roi. Un bourdonnement général se fait entendre. Le président invite l'Assemblée au silence et les tribunes au respect qu'elles doivent à la représentation nationale: tout signe d'approbation ou d'improbation est sévèrement interdit. Il est décidé à l'unanimité que le président fera seul les questions, après avoir fait lire par un secrétaire l'acte énonciatif, et qu'après la lecture de chaque chef d'accusation, répétée par lui président, il dira: « Louis, qu'avez-vous à répondre ? » On laisse au surplus à sa prudence tout ce qui n'aurait pas été prévu ; on lui donne même le droit de faire les questions incidentes que pourraient motiver les réponses de l'accusé.

Santerre entre à la barre ; il annonce que Louis est dans la salle des conférences et qu'il attend les ordres de l'Assemblée. Le président ordonne de l'introduire. Santerre sort, il reparait bientôt suivi du général Berruyer et de deux aides de camp ; viennent ensuite le maire et le procureur de la Commune. Louis parait ; la municipalité le suit en partie. Il règne un silence majestueux. Ce silence est un moment interrompu par quelques magistrats qui veulent entrer. Il n'y a plus de place à la barre ; Santerre fait fermer la porte. On fait passer les officiers municipaux par une des extrémités de la salle ; on les place sur les banquettes. Le calme se rétablit. Louis, que ce bruit avait détourné, regarde le président, l'Assemblée, les tribunes et même ceux qui sont près de lui à la barre ; il est debout ; le président lui dit: « Louis, asseyez-vous. » Il s'asseoit. Le Président lui donne connaissance du décret par lequel il est arrêté qu'il sera jugé et jugé par nous ; il lui annonce qu'on va lui donner lecture de l'acte énonciatif de tous les crimes qui lui sont imputés. Mailhe, secrétaire, lit. Louis écoute d'abord avec un sang-froid apparent ; vers la fin quelques larmes paraissent s'échapper de ses yeux, sa figure semble s'altérer. La lecture de l'acte énonciatif terminée, le président prend cet acte des mains du secrétaire, lit les chefs d'accusation et à la lecture de chacun interpelle Louis de répondre. Au premier interrogatoire, concernant le mouvement des troupes contre les Etats-généraux, Louis répond : « J'avais le droit alors de faire marcher des troupes où bon me semblait, il n'y avait pas de loi qui me le défendît. » Dans toutes les autres questions, s'il s'agit d'actes ministériels, il répond : « J'avais donné des ordres, ce n'est pas ma faute si les ministres se sont trompés. » S'il s'agit de correspondance, il nie en avoir connaissance. S'il s'agit de projet de contre-révolution, il répond n'en n'avoir jamais conçu. S'il s'agit de massacre, de sang versé, il dit n'en n'avoir jamais donné l'ordre, qu'une pareille idée répugne trop à son cœur. Enfin s'il s'agit d'argent répandu, il dit que ce sont des aumônes. Dans le commencement de l'interrogatoire, sa voix paraissait assez assurée ; vers la fin et dans certains moments, elle a semblé entrecoupée par des sanglots mal étouffés ; presque toujours elle a été tremblante et annonçait un homme prêt à pleurer amèrement. L'interrogatoire fini, le président lui dit : « Louis, avez-vous quelque chose de plus à dire ? » — « Je demande un conseil, répond-il, pour suivre mon affaire, et la communication de toutes les pièces originales. » La communication est décidée pour le moment. Valazé lui montre toutes les pièces les unes après les autres, en lui disant : « Reconnaissez-vous l'écriture de cette lettre, de cette apostille ? » Louis répond toujours non ; il ne reconnaît que celle où il est question de 3,000 (livres) données à Acloque pour le faubourg. « Oui, dit-il, c'est un acte de bienfaisance, je reconnais cette pièce. » L'exhibition des pièces finie, le président lui dit : « Retirez-vous, Louis, dans la salle des conférences ; l'Assemblée va délibérer sur votre demande d'un conseil ; elle vous fera connaître sa volonté. » Louis se retire, accompagné de ceux qui l'entouraient à la barre. Un moment de tumulte succède au grand calme qui avait régné jusqu'à ce moment ; les citoyens des tribunes, qui ne voulaient que voir Louis, désirant se retirer, trouvaient dans la foule curieuse et non satisfaite qui était dans les escaliers et les couloirs un obstacle invincible, duquel il résultait une agitation qu'on a eu pendant près d'une demi-heure de la peine à calmer. Enfin l'on a pu délibérer, et après beaucoup d'opposition de la part de certaines gens qui ne voulaient pas que Louis eût un conseil, un décret rendu à une majorité au moins de 680 lui en a accordé un. J'avais oublié de vous dire qu'avant d'ouvrir la discussion à ce sujet, Kersaint, ayant observé qu'il était bientôt nuit et que Louis pouvait aussi bien attendre notre réponse au Temple que dans la salle des conférences, proposa de le faire reconduire sur le champ à la Tour, ce qui fut adopté.

Le décret qui accorde un conseil à Louis étant rendu, le président a levé la séance à six heures et demie. Ainsi finit cette mémorable et fatigante journée, qui sera longtemps célèbre dans les fastes de l'histoire, qui donne aux rois une leçon terrible et au monde un grand exemple.

Je n'ai pu, je vous l'avouerai, me défendre d'un sentiment involontaire de pitié, lorsque j'ai songé que ce grand coupable était époux et père; mais, me rappelant bientôt que je devais à votre confiance le titre honorable de représentant du peuple français, j'ai fait taire ma sensibilité pour prendre le stoïcisme d'un juge.

Vous verrez dans les deux numéros du *Feuillant* l'acte énonciatif des crimes de Louis.

On avait pris pour traduire l'accusé à notre barre les plus grandes précautions. Tout Paris, sans exception aucune, était sous les armes, ce qui forme, m'a-t-on dit, près de 80.000 hommes; les bataillons étaient dans leurs sections respectives; chacun d'eux avait fourni un détachement pour former l'escorte de Louis. Cette escorte était composée de 2.400 hommes d'infanterie et 1.200 de cavalerie, avec 16 pièces de canon, dont 8 en avant et 8 en arrière de la voiture. Le maire, le procureur de la commune et le greffier étaient dans le même carrosse que Louis; Santerre et Berruyer à cheval marchaient en avant avec leurs aides de camp, officiers majors, au nombre de 20 ou 30. Depuis le Temple par les boulevards et la place ci-devant Vendôme jusqu'à l'Assemblée, la haie était bordée, personne ne passait. Sur la place Vendôme était un corps de 3000 hommes; la rue Saint-Honoré vis-à-vis des Feuillants était fermée, à droite et à gauche de l'entrée qui conduit à l'Assemblée, par trois pelotons de chaque côté, placés à cent pas de distance les uns des autres; toutes les issues de l'Assemblée étaient gardées par des pelotons et entourées outre cela d'une triple haie de gardes. Il était défendu de se mettre aux fenêtres lors du passage du cortège. Le soir, Paris a été illuminé. Nous devons à toutes ces précautions la tranquillité dont nous avons joui. Pendant que Louis était à la barre, on a arrêté Victor Broglio, déguisé en garde national et dans les rangs qui étaient placés dans le passage des Feuillants. Cette arrestation s'est faite si sagement, que l'ordre n'a point été troublé...

III

Paris le... janvier 1793 (1).

Paris est en ce moment assez tranquille. Ce grand calme surprend ceux qui ne refléchissent pas. Il est cependant assez naturel, à la veille d'une discussion intéressante, de voir tous les citoyens de cette grande ville attendre passivement l'issue d'une grande affaire, plutôt que de s'agiter dans tel ou tel sens pour en déterminer le succès. Néanmoins, on prétend qu'il y a de l'or répandu dans Paris, et l'on nous assure que, quel que soit le prononcé de l'Assemblée dans l'affaire de Louis, les malveillants en profiteront pour agiter ce bon peuple, qui a quelques vertus peut-être, mais dont l'extrême crédulité le rend victime du premier scélérat intrigant qui se dit son ami. La sagesse de notre département rassure ceux d'entre nous qui veulent sincèrement le bonheur du peuple, et cette consolante idée nous empêche de gémir tous les jours sur le sort d'une république que tout doit concourir à rendre florissante.

Je ne vous dirai rien de l'opinion de la majorité de l'Assemblée sur l'affaire de Louis; j'entrevois bien ce qu'elle peut être, mais ce n'est encore qu'une présomption, et je me ferai toujours un devoir (sur les objets du moins d'une haute importance) de ne vous présenter rien de conjectural. Lundi s'ouvre pour la dernière fois cette discussion, qui fixe aujourd'hui l'attention de l'Europe entière. Je crois et la majorité d'entre nous pense qu'elle ne durera que trois jours...

IV

Paris, le 19 *janvier* 1793.

Après une séance de trente-sept heures, dont vingt-six ont été consacrées à l'appel nominal, Louis a été condamné à la mort,

---

(1) Lettres des 19 et 21 décembre 1792, relatives à la discussion de « l'ostracisme contre tous les membres de la famille des Bourbons. » Blad s'y montre peu favorable à Philippe-Egalité. Mais Paris, dit-il, voit l'expulsion avec déplaisir, « car Conti et Penthièvre suivent, qui y faisaient de la dépense; le peuple crie hautement et des gens honnêtes s'apitoyent sincèrement. C'est ainsi que, persuadé qu'il est le souverain, le peuple de Paris, écoutant une fausse pitié, place toujours son intérêt à côté du grand intérêt de la chose publique. »

Lettre du 7 janvier 1793, relative à une discussion véhémente, soulevée à une majorité de cinq voix. Lorsque le président a annoncé le résultat du dépouillement du vote et qu'il a prononcé l'arrêt fatal, il a régné dans la salle un silence morne, qui avait quelque chose de religieux. Bientôt les défenseurs de Louis ont paru à la barre; ils ont lu et déposé sur le bureau une pièce de la main de Louis, dans laquelle il proteste contre notre jugement et en appelle au peuple. De Sèze, Tronchet et le respectable vieillard Malsherbes ont ensuite et tour à tour employé pour nous fléchir tout ce que l'éloquence, le sentiment et l'humanité offrent de moyens puissants. Le vieux Malsherbes a pleuré et a fait répandre quelques larmes. Rien en effet n'était plus attendrissant que de voir ce respectable septuagénaire, dont la vie n'a été qu'une longue suite de vertus, qui a combattu les Rois dans leur puissance, et qui en défendait un dans les fers, se prosterner pour ainsi dire devant nous et solliciter avec la chaleur du sentiment la suspension d'un jugement prononcé par une majorité aussi faible. Les défenseurs de Louis n'ont rien obtenu. La discussion s'est ouverte et se continue maintenant sur la fixation de l'époque à laquelle le jugement sera exécuté. Plusieurs votants n'avaient prononcé qu'avec réservation. On nous annonce une lettre d'Espagne, dans laquelle cette puissance nous fait les plus belles promesses, nous assure de sa médiation près des puissances belligérantes, et promet de faire reconnaître la République. Je ne sais si l'on doit se fier à la parole des Rois; nous sommes payés pour n'y pas croire. Cependant la lecture de cette lettre pourra amener quelques changements dans les opinions (1).

par une adresse du département du Finistère et l'annonce du départ d'une force armée (fédérés) pour Paris, entre Montagnards et Girondins; Roland violemment attaqué par Robespierre.

(1) Voici quel fut le vote de Blad au troisième appel nominal.

« Je déclare voter en liberté pleine et entière, et n'être mû par aucun sentiment de crainte ni de haine. Je déclare me croire revêtu de pouvoirs suffisants et même d'un mandat tacite pour juger Louis. Je suis persuadé qu'il a mérité la mort. Mais, dit-on, toutes les puissances de l'Europe vont nous faire une guerre terrible. Je réponds que, dans toutes les hypothèses, leurs efforts seront les mêmes, puisqu'elles combattent non pour le Roi, mais pour la Royauté. Je vote donc pour la mort. Mais si, à l'exemple des Anglais, vous faites tomber la tête d'un Roi conspirateur sur l'échafaud, vous devez, à l'exemple de Rome, chasser la famille des Tarquins. En conséquence, je vote pour que la mort de Louis soit le signal de l'expulsion de toute sa famille. »

Mais Blad avait opiné pour le sursis et opina pour l'appel au peuple.

V

Paris, le... janvier 1793.

Je n'ai que le temps de vous annoncer que la tête de Louis va tomber. Les troupes défilent sur la place Louis XV, lieu de l'exécution. Hier un député qui avait voté pour la mort du ci-devant Roi a été assassiné chez Février, restaurateur au Palais de l'Egalité. Ce député est Peletier Saint-Fargeau. On doute qu'il en revienne.

Je décachette mon paquet. Louis n'est plus. Peletier Saint-Fargeau est mort ce matin de sa blessure.

VI

Paris, le 23 *janvier* 1793.

Louis n'est plus. Sa tête, en roulant sur l'échafaud, a expié les forfaits du despotisme et donné aux tyrans de l'Europe un exemple terrible. Puisse-t-il leur apprendre que l'abus de l'autorité suprême conduit tôt ou tard les peuples au recouvrement de leurs droits, et que, si ces derniers peuvent longtemps s'assoupir dans les fers, leur réveil est fatal à celui qui voulut les asservir! Les particularités qui ont accompagné la mort de Louis n'ont rien d'extraordinaire. On m'a seulement assuré qu'il paraissait tout espérer de la commisération du peuple. Parti du Temple à huit heures du matin, il a été conduit par les boulevards sur la place jadis de Louis XV, aujourd'hui de la Révolution; il était dans la voiture du maire, accompagné par ce magistrat, un confesseur et deux de ses conseils officieux; la place était couverte de près de 80.000 hommes; des batteries de canon étaient dressées à toutes les issues; personne autre que les gens armés ne passait; toutes les places voisines étaient également couvertes d'hommes et de canons; toutes les rues conduisant à la place étaient fermées par de forts pelotons de cavalerie et d'infanterie; enfin les plus grandes précautions étaient prises. Dans cet état de choses et à dix heures et quelques minutes, Louis est entré par la rue ci-devant Royale sur la place de la Révolution. La voiture dans laquelle il était a fait le tour de l'échafaud et s'est arrêtée au pied de l'escalier par lequel on y montait. Louis est descendu, a été dépouillé de son habit, et d'un air calme, la tête haute, il est monté sur l'échafaud. Il s'est un moment tourné vers le peuple et a dit : « Je meurs innocent, mais je pardonne à mes amis (*sic*). » Il allait continuer, Santerre a fait faire un roulement général à tous les tambours. Louis a fait signe aux tambours de cesser, mais loin d'obéir ils ont redoublé. Louis alors a fait un geste d'impatience, puis de résignation. A l'instant, un bourreau lui a coupé la queue, deux lui ont saisi et lié les mains sur les reins. Il a voulu un moment se dégager, mais on l'a lié sur la planche fatale, on l'a renversé et le fer vengeur est tombé. Le bourreau a pris la tête dans le sac, l'a montrée au peuple, qui jusqu'à ce moment avait gardé le plus profond silence. Alors mille cris se sont fait entendre : *Vive la nation! Vive la République!* Les chapeaux en l'air ont exprimé l'allégresse commune. Son corps a été inhumé à la Magdeleine.

Pendant que la tête de Louis tombait sous le glaive de la loi, nous décrétions les honneurs du Panthéon pour notre collègue Peletier. Il y sera conduit demain (1). On menace du même sort tous ceux qui ont voté la mort du tyran. Aussi ne marchons-nous plus sans pistolets. Cependant j'espère que la vigoureuse poursuite de l'assassin de Peletier contiendra ceux qui peuvent être répandus dans Paris !...

VII

Paris, le 4 février 1793.

J'ai appris avec le plus vif intérêt que la nouvelle de la mort de Louis avait été reçue à Brest avec le calme qui caractérise de vrais républicains. Je n'en attendais pas moins d'une ville où règne le patriotisme le plus ardent et le plus épuré, et qui, en raison de l'esprit qui anime les habitants, peut sans contredit marcher la première des cités de la République française. Voici le moment, frères et amis, de soutenir cette réputation brillante, que vous vous êtes justement acquise, d'acquérir encore de nouveaux droits à la reconnaissance publique. La France entière a les yeux sur vous. Vous allez bientôt renfermer le dépôt précieux de toutes les forces navales de la République, vous allez devenir l'objet de toutes nos sollicitudes. Que de motifs pour redoubler, s'il est possible, de zèle et d'activité, de surveillance surtout! Car n'en doutez pas, des ennemis exté-

---

(1) Une lettre du 26 janvier fait le récit des obsèques solennelles de Le Peletier, et une autre du 4 février annonce que l'assassin, « arrêté à Forges-les-Eaux, s'est brûlé la cervelle. »

rieurs et intérieurs vont bientôt pénétrer dans vos murs, vont bientôt y secouer les torches de la discorde, y déchaîner peut-être le monstre de l'anarchie. Qu'il y soit étouffé dès qu'il osera lever sa tête horrible. Ce triomphe est digne de vous. Il sera beau d'offrir en exemple à l'Europe étonnée une ville qui, après avoir écrasé l'insolente aristocratie, terrassera avec le même courage l'hydre de l'anarchie, préparera au sein du calme et de l'union les forces imposantes qui devront combattre les ennemis de la liberté, et, en conservant à la République l'entrepôt intéressant de ses forces maritimes, lui assurera la gloire du triomphe et le bonheur de la paix.

... Paris est tranquille (1).

VIII

Paris, le... février 1793.

... Nos fédérés sont arrivés hier à 1 heure. Un bataillon de Paris, des commissaires de la section du Finistère et un détachement de cavalerie, ont été au devant d'eux. Ils ont été accueillis on ne peut plus fraternellement. Cependant, quelque flatteuse que soit cette réception, je ne crois pas qu'ils restent longtemps ici; ils y sont arrivés un peu trop tard pour y être utiles, et le besoin d'hommes aux frontières nécessite leur retour dans leurs foyers... (2).

IX

Paris, le 2 mars 1793.

... Nos fédérés sont bien portants, bien unis entre eux et bien disciplinés. Dans l'émeute populaire de lundi (3), ils ont été

(1) Les lettres suivantes sont relatives à des séances de la Convention.
(2) L'envoi des Fédérés du Finistère à Paris, ordonné à l'instigation probable de Kervélegan, par les administrateurs du département, devait coûter cher à ces derniers! Les circonstances n'étaient plus les mêmes qu'au 10 août 1792. Blad semble avoir approuvé cet envoi; mais la chute des Girondins le jette dans une singulière perplexité : l'on s'en aperçoit à son silence; il suspend momentanément sa correspondance, qu'il croit surveillée, et, lorsqu'il la reprend, il adresse ses lettres à la Commune de Brest par voie indirecte.
(3) Il s'agit d'un pillage des magasins d'épicerie dans plusieurs quartiers de Paris, une de ces manifestations trop fréquentes que Blad a à signaler dans ses lettres, comme l'œuvre « froidement calculée » de « scélérats » occultes, qui veulent amener la contre-révolution.

requis et ont fait admirer leur fermeté. Partout où ils se sont portés, le bon ordre a régné. Ils ont arrêté beaucoup de monde, et, en dépit des murmures d'une populace mutinée, ils ont fait respecter la loi, en empêchant le pillage de plusieurs magasins. On les aime et on les redoute.

Paris est tranquille en ce moment.

X

Paris, 4 *mars* 1793.

Nos fédérés ont présenté hier à la section du Finistère l'oriflamme dont ils étaient porteurs. Ils ont été accueillis avec les expressions de la plus cordiale fraternité. Un orateur de la section a néanmoins employé une partie de cette séance, qui ne devait être consacrée qu'à des épanchements réciproques, à faire une longue et virulente diatribe contre Roland; il a dit hautement que les départements étaient séduits, trompés, que Paris l'avait été de même et avait dû revenir de son erreur, mais qu'il espérait que les départements ainsi que Paris reconnaîtraient un jour dans Roland un scélérat profond. Nos fédérés ont répondu avec dignité que, républicains, ils ne connaissaient ici ni les individus ni les partis, que la loi était tout pour eux, et qu'ils la feraient respecter au péril de leur vie, qu'ils feraient même un rempart de leurs corps au coupable sur lequel la loi n'aurait pas prononcé, qu'enfin ils ne connaissaient que la loi et qu'ils mourraient pour elle. Leur réponse a produit de l'effet, mais c'était celui de l'étonnement, et non celui de l'enthousiasme. L'orateur de la section du Finistère ne s'est pas contenté de faire l'apologie de Roland, et il a voulu faire aussi celle du club de Brest, et pour y réussir il a lu une lettre qui lui était adressée de Brest par un officier de garde nationale. Voici à peu près comment s'exprimait, dans cette épître, le correspondant : « Le club de Brest est bien froid ; il nous faudrait quelques-unes de nos bonnes têtes pour l'électriser un peu et lui apprendre à danser ou à faire danser la carmagnole. » Heureux les francs et loyaux patriotes qui peuvent mériter de pareils reproches! Notre conduite et les événements prouveront en faveur de qui devait pencher la balance de l'opinion, et l'on dira peut-être un jour, en parlant des Brestois : ils ont conservé à l'État ses propriétés, et n'ont jamais attaqué celles des individus; ils ont longtemps détenu des ministres fanatiques de leur culte, et les ont déportés quand la tranquillité publique l'a exigé. On a compté chez eux une seule victime de la juste indignation du peuple, et le peuple s'en est repenti (1); aucun d'eux n'a dû sa fortune à la Révolution et presque tous y ont consacré la moitié de ce qu'ils possédaient; ils ne connurent ni l'intrigue, ni les partis, ils aimèrent vraiment leur pays, obéirent à la loi, respectèrent ses organes et furent égaux sans bassesses, libres sans atrocités.

Paris est tranquille.

XI

Paris, 6 mars 1793.

... Hier, nous avons eu une séance assez orageuse. Le détachement du Finistère était l'objet de la discussion. Tous les membres de l'Assemblée réputés pour ardents Jacobins demandaient à grands cris qu'il fût renvoyé. Marec, Gomaire et moi avons lutté contre l'orage, et ce n'a pas été sans peine. Nous avons cependant été secondés par Buzot et Barbaroux, mais ce renfort ne nous a pas valu une victoire complète. On voulait renvoyer nos fédérés à l'extrême frontière de terre; nous voulions qu'ils restassent à Paris, et nous n'avons pu obtenir que le changement de leur destination: ils retournent sur les côtes du Finistère. L'acharnement a été tel de la part de ceux qui voulaient leur expulsion, que certains membres se sont permis d'indécentes huées. Isnard, indigné, est monté à la tribune et a fait une sortie très vigoureuse contre cet attentat à la liberté des opinions...

XII

Paris, 18 mars 1793 (2).

Il n'est pas étonnant que nos perfides ennemis, poussés jusque dans leurs derniers retranchements, mettent en usage les

(1) Allusion à une affaire qui s'était passée à Brest le 23 juin 1791. Des officiers, réunis au café militaire, avaient tenu des propos imprudents, arboré même dans la salle des inscriptions blessantes pour le patriotisme des habitants. La foule s'était portée vers le café et, avant que la municipalité, n'eût pu intervenir, un officier du régiment de Poitou, Patry, avait été massacré.

Un peu plus tard, M. de la Jaille, officier de marine, faillit éprouver le même sort, comme suspect de sentiments... et de paroles.

(2) Une lettre du 13 mars parle, sans grands détails, de la tentative

moyens les plus odieux pour réussir dans leurs infâmes projets. Le recrutement leur a fourni un spécieux prétexte, et ils n'ont pas manqué de le saisir. Avec des hommes pour qui défendre sa patrie ou servir les caprices d'un despote est la même chose, il a été facile de confondre le recrutement actuel avec la milice de l'ancien régime. Ils n'ont pas vu, les bons cultivateurs, que de coupables ministres des autels ne cessent d'égarer, qu'ils avaient un intérêt bien plus grand que les habitants des villes à défendre contre les ennemis du dehors une patrie qui a tout fait pour eux et à laquelle nous avons jusqu'ici toujours fait des sacrifices. Il est malheureux que leur ignorance nous force d'employer les moyens violents que l'on met en usage, mais il faut sauver la France, et sans un coup de force nous n'y parviendrons pas. L'armée des révoltés dans la Vendée se grossit tous les jours, on la porte aujourd'hui à quarante mille hommes ; jugez si le danger est imminent. Trois généraux, Labourdonnaye, Wimpffen et Berruyer ont reçu ordre de faire les dispositions les plus vigoureuses pour attaquer cette armée. Avant huit jours sans doute une bataille sanglante aura décidé du sort de nos ennemis. Je ne crois pas qu'on en épargne aucun. Des ordres terribles sont donnés, on ne doit faire quartier à personne...

XIII

Paris, 29 mars 1793.

J'ai appris avec le plus vif plaisir que le calme commençait à se rétablir dans les campagnes qui vous environnent. Les scélérats qui avaient juré la perte de notre patrie ont encore manqué leur coup. J'espère que ceux d'entre eux qui sont arrêtés vont bientôt expier sur l'échafaud cet horrible forfait.

dirigée contre la Convention, ou plutôt contre les Girondins, dans la nuit du 10 mars. « On prétend qu'on avait le projet de nous égorger, et une chose bien digne de remarque, dans cette circonstance, c'est que la liste des députés avec l'indication de leur domicile, qui avait été créée dans Paris pendant les quinze premiers jours de notre session et dont on ne parlait plus depuis quatre mois, a été criée et colportée dans Paris avec une affectation telle qu'on s'apercevait aisément qu'elle n'avait pour but que d'indiquer nos demeures aux assassins. Mais le complot a encore avorté ; il a heureusement été découvert à temps.... » Blad ne mentionne pas d'une façon particulière, en cette circonstance, la marche des fédérés du Finistère, ayant à leur tête Beurnonville, ministre de la guerre, contre les sections soulevées.

La loi qui ordonne de les punir comme émigrés pris les armes à la main facilitera à nos tribunaux les moyens de satisfaire promptement à la juste vengeance du peuple. Le Tribunal révolutionnaire vient d'être installé ici. Nos ennemis de l'intérieur commencent à trembler. Avant hier, on a fait à Paris une fouille générale; on a, dit-on, arrêté 2,500 émigrés et une quantité prodigieuse de gens suspects et sans aveu. On assure qu'il y avait aussi un projet contre Paris et surtout contre l'Assemblée. On devait se réunir au nombre de 30,000 en armes, au champ de la Fédération; une députation nombreuse devait venir pétitionner à notre barre et nous égorger à un signal convenu, au moment où le reste de la troupe serait entré dans Paris. Ce projet cependant est regardé par beaucoup de personnes comme une chimère; on prétend qu'il n'a jamais existé : je vous l'annonce comme une nouvelle incertaine. Cependant, il est très possible qu'il fît partie du grand plan de conspiration formé contre la France, et comme la dissolution de l'Assemblée est nécessaire à nos ennemis pour réussir, il ne serait point étonnant qu'ils eussent formé le projet de frapper ce grand coup...

XIV

Paris, le... avril 1793.

Dumouriez, sur nos frontières, avec les débris désorganisés d'une armée naguère victorieuse, nous annonce qu'il ne répond de rien. Il fait plus, il ose parler en maître et, nouveau César, du milieu de son camp, il veut nous dicter des lois : la représentation nationale n'est plus rien à ses yeux; il méprise la Convention, brave nos décrets et veut nous dissoudre. Il dit hautement qu'il faut l'ancienne Constitution, avec *un Roi*, qu'il saura bien sauver la France sans nous, et qu'il stipulera lui seul avec nos ennemis sur ses véritables intérêts. Il a même l'audace de menacer Paris de son armée. Enfin le vainqueur de Jemappes et d'Argonne, à qui la République eût décerné, il y a huit jours, les honneurs du triomphe, ne peut éviter aujourd'hui la honte de l'échafaud qu'en ajoutant à tant de forfaits celui d'une lâche désertion. En passant à l'ennemi, Dumouriez n'est plus aujourd'hui qu'un vil scélérat, un traître, un ambitieux, qui n'a voulu vaincre que pour lui et qui veut maintenant asservir une patrie dont le bonheur eût fait sa gloire. Mais c'est en vain qu'il a conçu tant d'odieux projets; sa valeur, sa réputation, ses succès, rien ne nous arrêtera. Le sort des traîtres l'attend; il faut un grand exemple à la Nation qu'il a trahie, à l'armée qu'il a égarée : nous ferons voir à ce perfide Sylla qu'il n'est qu'un pas du Capitole à la Roche tarpéienne, que c'est en vain qu'il compte sur ses soldats, et que des hommes libres ne deviennent pas tout à coup les satellites d'un ambitieux. Nous, cependant, dans ce moment de crise, soyons fermes, calmes, montrons-nous encore au-dessus des événements; la moindre agitation nous perdrait peut-être; éteignons les brandons de guerre civile, et rallions-nous contre l'ennemi commun. Si quelques revers succèdent à tant de brillantes conquêtes, n'en soyons point abattus : c'est à l'école du malheur qu'il faut que s'instruise un peuple qui se régénère. Cette circonstance terrible manquait peut-être à notre gloire. Enivrés de triomphes, nous nous sommes un moment oubliés au sein de la victoire. Réveillons-nous, rassemblons tout ce qui nous reste de force pour écraser nos ennemis, marchons, et que l'Europe étonnée tremble et nous admire encore.

XV

Paris, 13 avril 1793.

De toutes parts, nous recevons des adresses qui expriment la profonde indignation qu'a excitée dans toutes les âmes l'atroce perfidie de Dumouriez. Partout on brûle du désir de se venger et de punir un traître qui a préféré à la gloire de servir et sauver sa patrie la honte de la trahir indignement. Les dispositions de nos armées sont excellentes... Quelque critique que soit notre situation, nous sortirons de cette crise.

Petion a fait hier une sortie vigoureuse contre les calomniateurs. Il venait d'obtenir la parole contre un rapporteur qui était à la tribune, lorsqu'il s'est entendu apostropher par un habitant de la Montagne, qui l'a appelé scélérat. Petion n'a pu retenir son indignation. Son âme sensible, vivement affectée, l'a fait sortir de son caractère, qui est celui de la douceur, et il a reproché avec amertume aux calomniateurs qui le déchirent leur inconcevable acharnement; il a démontré jusqu'à l'évidence les dangers qui sont la conséquence de ce système atroce de calomnies, et il a demandé une loi générale contre les calomniateurs. On a renvoyé cette demande à un Comité. Peu de temps après, Guadet, qui depuis deux jours avait la parole pour se laver des atroces inculpations qu'avait lancées contre lui Robespierre, a pu enfin se faire entendre. Il a parlé avec chaleur et sensibilité, il nous a montré son âme toute nue, il a mis sous nos yeux toute sa conduite politique, et a fini par inviter ses ennemis même à venir jusques dans ses foyers le voir au sein d'une honnête médiocrité pratiquer les vertus privées sans lesquelles il n'existe pas de vertus publiques. On l'avait entendu avec assez de tranquillité, il n'avait été interrompu que par quelques légers murmures et quelques applaudissements, lorsqu'une dénonciation de l'orateur a donné lieu à un incident que personne ne pouvait prévoir. Guadet citait un écrit lu aux Jacobins, dans lequel il est dit : « La Patrie est trahie, les traîtres sont dans la Convention, tombons sur tous ces scélérats. » Marat a interrompu l'orateur en disant : C'est vrai. Aussitôt nous nous sommes tous levés et nous avons demandé le décret d'accusation contre Marat. Danton et plusieurs autres ont parlé. Enfin, au milieu du tumulte, nous avons emporté le décret d'arrestation contre notre collègue. Il est à l'Abbaye. Aujourd'hui, sur le rapport du Comité de législation, doit se prononcer le décret d'accusation; ensuite, si le décret passe, Marat sera renvoyé au Tribunal révolutionnaire. Lorsque nous prononçions son arrestation, il a eu l'audace de nous menacer indirectement d'une insurrection populaire; il a même demandé à aller aux Jacobins pour calmer le peuple. On a ri de pitié.

Paris est calme.....

Jeudi 11, nous avons décrété que le département du Finistère avait bien mérité de la patrie.

XVI

Paris, 15 avril 1793.

Nous avons eu vendredi et samedi deux séances orageuses Mais la nuit du samedi au dimanche a offert l'exemple d'un désordre dont jusqu'ici nous n'avions point encore pu nous faire une idée. Il s'agissait de prononcer le décret d'accusation contre Marat. On avait décidé antérieurement que les opinions seraient recueillies par appel nominal, et, lorsque chaque membre a voulu exprimer son vœu, il n'y a eu de liberté que pour ceux qui votaient en sa faveur; tous les autres ont été couverts de huées, menacés même par les tribunes, et, dans un moment où l'on voulait rappeler ces dernières à l'ordre, tous les membres composant la Montagne se sont levés en avouant qu'ils avaient provoqué le bruit, et faisant cet aveu de manière à laisser penser qu'ils s'en faisaient gloire. Enfin Marat n'a trouvé de défenseurs que dans ce côté. Quelques-uns même ont eu l'impudeur de dire que Marat méritait la couronne civique ; d'autres enfin qu'il obtiendrait un jour des statues et les honneurs de l'apothéose. Il a été décrété que cet appel nominal serait imprimé et envoyé aux départements. Je vous en ferai passer un exemplaire. Vous lirez et vous jugerez. Les sections doivent venir aujourd'hui pétitionner et nous demander la baisse du prix du pain. Il paraît que cela n'est que le préliminaire des excès auxquels on doit pousser le peuple......

Marat a été décrété d'accusation à une majorité de 128 voix, mais on n'a pu se saisir encore de sa personne. Il s'était déjà soustrait au décret d'arrestation. Il veut faire de même pour celui d'accusation. Sa feuille se crie toujours, et avec plus d'impudence peut-être. Ce scélérat brave tout, et un peuple imbécile et trompé l'adore. Pourquoi la vertu n'a-t-elle pas le même empire ?

Paris est tranquille, mais on parle d'insurrection *pour Marat*. Le pain est plus rare qu'à l'ordinaire depuis hier ; il y a des attroupements aux portes des boulangers.

XVII

Paris, le 20 *avril* 1793.

Jeudi, nous avons eu une séance intéressante. Des députés extraordinaires de la ville de Bordeaux ont été introduits à la barre et nous y ont dénoncé un fait qui, dans les circonstances orageuses où nous nous trouvons, peut être un thermomètre politique. Un courrier extraordinaire envoyé par les Jacobins à Bordeaux a été arrêté sur quelques soupçons ; on l'a trouvé muni de plusieurs paquets renfermant des imprimés dans le nombre desquels se trouvait l'adresse signée Marat, président, qui a servi de base au décret d'accusation lancé contre ce représentant du peuple. A ces imprimés se trouvaient réunies plusieurs lettres particulières qui toutes ont été lues. Une d'entre elles ne renfermait que les vues d'un commerçant, communiquées à son correspondant. On a cependant remarqué que ce commerçant, l'un des plus chauds patriotes de la société de Paris, annonçait à son correspondant des bénéfices énormes faits ou à faire patriotiquement aux dépens de la République; il proposait de plus de se saisir, partout où il s'en trouverait, de certaines matières premières dont la marine manque en ce moment, proposition qu'on peut sans crainte regarder comme un projet d'accaparement (1). Cette lettre lue à la tribune de l'Assemblée a donné la mesure du patriotisme de ce citoyen. Une autre lettre, écrite par un mari à sa femme, n'offrait de remarquable que ce passage vraiment atroce : « Les Marseillais nous arrivent; ils feront passer le goût du pain à tous ces gens-là. » C'est-à-dire les 22 proscrits. Enfin quelques autres lettres ne renfermaient que l'expression du plus pur civisme. On y trouvait cependant ces mots : « Il nous faut encore une journée du 10 août pour que tout soit tranquille. » Contre qui entendait-on la diriger? Le renvoi de toutes ces pièces aux Comités de législation et de salut public, réunis pour en faire le rapport samedi, a été décrété.

Cette lecture avait été précédée d'une pétition du département de Paris, tendant à demander la taxation du prix du pain. 300 pétitionnaires, représentant toutes les communes qui environnent Paris, étaient réunis aux administrateurs membres du directoire, et appuyaient cette demande, que tous les économistes instruits regardaient comme le signal de la famine. On a discuté quelque temps en présence des pétitionnaires. Enfin, il a été décrété que les Comités d'agriculture et de commerce réunis feraient un rapport à ce sujet.

On colporte dans Paris, pour la faire signer, la pétition contre les vingt-deux dans les sections. Des feuilles sont offertes aux signatures des citoyens; on publie à son de caisse de s'y rendre pour les signer. On m'a dit, je ne sais si le fait est vrai, qu'on refuse des cartes de citoyen à ceux qui ne veulent pas signer la fameuse pétition qui doit demain, comme celle du 17 juillet 1791, être signée au Champ-de-Mars. Quelle sera la suite de tant de manœuvres? Le plus sage observateur ne peut le prévoir...

---

(1) Il faut lire la correspondance des représentants de l'autorité de tout ordre dans les départements maritimes, à cette époque, pour comprendre à quel point de semblables *affaires* étaient préjudiciables au pays et combien elles méritaient à leurs auteurs les plus impitoyables sévérités de la justice révolutionnaire.

XVIII

Paris, 27 *avril* 1793.

Hier, un événement désastreux jeta l'alarme dans tout Paris. A 9 h. 1/2 du soir, le feu se manifesta chez le ministre de la justice en quatre endroits à la fois, et, sans les prompts secours qui furent administrés, cet incendie eût pu avoir les suites les plus funestes. Il n'y a heureusement eu que le faîtage de l'hôtel de la justice qui ait été la proie des flammes. Le reste des bâtiments de la place Vendôme a été conservé, grâce au zèle et à l'intelligence de nos pompiers. Je venais d'être instruit de cet événement, lorsque j'ai appris par les bureaux de la marine le malheur arrivé à Lorient (1). Tout concourt, dit-on, à prouver que c'est une suite de l'opiniâtre malveillance de nos ennemis. On prétend aussi que le feu a été mis chez le ministre de la justice. Quels sont donc les projets des scélérats qui veulent renverser notre naissante République? Veulent-ils joindre aux maux de la guerre civile, qu'ils ont fait naître dans notre sein, l'incendie, la dévastation et la famine? Car les grains sont à un prix excessif. Veulent-ils, parce qu'ils ne peuvent nous vaincre les armes à la main, nous réduire par une ruine totale de nos facultés politiques, à la honte de tendre la main aux fers d'un despote étranger? Non, ils n'y réussiront jamais, et nous prouverons à l'Europe entière déchaînée contre nous que notre amour pour la liberté n'est point un sentiment éphémère, que nos serments ne sont point de vaines et pompeuses formules. Veillons à la conservation de cette liberté sainte, avec autant d'ardeur qu'ils mettent d'acharnement à tramer sa perte, et nous ferons repentir nos ennemis de tant d'horreurs, de tant d'atrocités. Je ne vous invite pas, chers et braves concitoyens, à redoubler de vigilance. Je sais que rien ne peut égaler la vôtre. Je me bornerai à vous faire observer que les projets des traîtres s'étendent peut-être à tous les ports principaux de la République, et que le patriotisme fortement prononcé de Lorient n'a pas suffi pour conserver à l'État cette ville importante. Ajoutez donc, s'il est possible, quelques degrés d'activité à votre surveillance...

(1) Le 21 avril, le feu avait pris dans l'atelier de la voilerie, s'était rapidement étendu au magasin général et aux bâtiments longeant la place d'armes et avait menacé le parc d'artillerie. L'incendie dura trois jours. On l'attribua à la malveillance.

XIX

Paris, 29 *mai* 1793 (1).

Lundi et mardi, l'Assemblée a tellement été agitée que plusieurs bons citoyens ont désespéré du salut de la chose publique, Jamais le trouble n'a été si loin. Vociférations, provocations d'une partie de l'Assemblée, huées, applaudissements, hurlements des tribunes, menaces, insultes de la part du peuple, tout a offert le spectacle le plus affligeant, le scandale le plus révoltant. Vingt députés se sont colletés au milieu de la salle, menacés de la canne; une armée de femmes a tenu, pendant quatre heures, la salle bloquée. Quiconque ne siégeait pas d'un certain côté de l'Assemblée ne pouvait sortir, même pour satisfaire aux besoins de la nature. Le président a déclaré qu'il allait instruire les départements de notre situation. Le prêtre Le Roux a été lui arracher le papier qu'il avait sous la main; il s'était trompé, il n'avait pas pris la feuille sur laquelle le président écrivait; ce dernier a ramassé son papier en poche. Bientôt Basire a été prendre devant lui quelques autres manuscrits, et l'on a demandé à grands cris le décret d'accusation contre le président; et le tumulte s'est longtemps prolongé.

Hier, des pétitionnaires de la section des Gardes-Françaises, autrefois l'Oratoire, ayant paru à la barre, a protesté (*sic*) de son dévouement à l'Assemblée, qu'elle a promis de défendre contre toute atteinte. L'orateur a été interrompu par les huées des tribunes et d'une partie de l'Assemblée. Quelques députés l'ont traité d'aristocrate; deux l'ont menacé de leur canne à sabre.

La cause de tous ces troubles était dans la Commission des douze, qui, tenant le fil d'une grande conspiration, avait fait arrêter le substitut du procureur de la Commune (2), auteur de la feuille intitulée *le Père Duchesne,* et le président de la section de la Cité, prévenu de complicité dans le projet de dissoudre la représentation nationale.

Je ne sais si aujourd'hui de nouveaux orages se préparent. Paris semble assez tranquille.

Je ne me suis permis aucune réflexion sur ce que je vous écris. Je vous laisse le soin de les faire. On pourrait croire que

(1) Je passe plusieurs lettres qui relatent des séances de la Convention, pour arriver au dénouement de la lutte entre la Gironde et la Montagne.
(2) Hébert.

les miennes sont dictées par l'esprit de parti ; car telle est la situation de notre Assemblée que de part et d'autre on ne peut manifester ses opinions sans encourir ce soupçon injurieux. Je vous renvoie donc aux papiers publics pour éviter tout reproche (1).

XX

Paris, 1ᵉʳ juin 1793.

Au citoyen Romain Malassis, imprimeur-libraire, à Brest.

Citoyen, après avoir passé trois (jours) et deux nuits à la Convention, accablé de fatigue et assiégé d'une foule d'idées qui se succèdent avec une telle rapidité que je ne puis les transmettre avec ordre, je me borne à vous annoncer que hier soir, enfin, la grande lutte qu'avait occasionné la Commission des douze s'est terminée, sur la proposition faite par Barère, au nom du Comité de salut public, par la suppression de cette Commission, dont l'existence a mis en mouvement l'immense cité que nous habitons. Jusqu'à neuf heures du soir hier, tout Paris était en armes. 30.000 hommes entouraient notre Assemblée ; 16 pièces d'artillerie étaient placées devant le front de cette force armée. Le tout a défilé paisiblement, dès que le décret a été rendu.

Le départ du courrier a été suspendu, les barrières ont été fermées, le tocsin a sonné, la générale a battu, le canon d'alarme a tiré. Vos lettres ne me sont pas encore parvenues ; on les visite toutes, dit-on, à la poste. Je vous écris particulièrement, pour que ma lettre parvienne à mes concitoyens.

XXI

Paris, 5 juin 1793.

Chers concitoyens,

Je n'ai que le temps de vous écrire quatre mots depuis l'arrestation des trente-quatre membres de la Convention. Paris est dans le plus grand calme. Un silence morne règne dans cette vaste cité. On interprète diversement cet état de choses. J'attends les événements pour prononcer.

(1) Noter ce dernier paragraphe et le rapprocher du changement d'allure de la correspondance ultérieure. Les lettres du 29 mai, du 5 juin, des 20 et 24 juillet se suivent dans la série.

XXII
Paris, 20 juillet.

Au citoyen Antoine Raby, marchand de draperies et soieries, grand'rue vis-à-vis la Voûte à Brest. [A l'intérieur : « *pour la municipalité* »].

Chers concitoyens,

Je vous ai écrit régulièrement tous les courriers depuis que 'ai repris ma correspondance. Lundi seulement, accablé par la fièvre qui s'est emparée de moi depuis douze jours, je ne pus vous écrire..... Mais si vous avez manqué de lettres, d'autres courriers que celui-là, il y a tout lieu de croire qu'elles auront été interceptées.

Avant hier Defermon a été décrété d'arrestation. Mais il n'a pas jugé à propos de se laisser arrêter, il a pris la fuite. Je ne sais où il est. Ce qui a motivé ce décret, c'est une lettre qu'il écrivait à son département, et dans laquelle il se permettait quelques réflexions vigoureuses sur les circonstances présentes. On l'a accusé de fédéralisme, et le décret a été lancé.

Hier nos administrateurs du Finistère ont été foudroyés du décret d'accusation (1). Le chef-lieu du département est transféré à Landerneau. Une administration provisoire, prise dans tous les districts du département, va remplacer l'ancienne.

Mercredi soir à sept heures, l'assassin de Marat a été conduit à l'échafaud. Presque tout Paris a été voir les derniers moments de cette femme extraordinaire, qui a conservé jusqu'à la mort la sérénité la plus parfaite (2).

Paris est dans le plus grand calme.

XXIII
Paris, 24 juillet 1793.

Au citoyen Jullou, sous-chef d'administration au départemen t de Brest, à Brest. [A l'intérieur : « *pour la commune* »].

Chers concitoyens,

Je suis surpris que, par votre lettre du 19, vous m'annonciez n'avoir point reçu de lettre de moi. Je vous avais écris cependant le lundi 15, et je vous annonçais l'assassinat de Marat.

---

(1) C'était la conséquence de l'envoi ordonné par eux d'une force armée à Paris, pour soutenir et défendre la Convention contre les tentatives de la Commune.

(2) C'est la seule mention de l'assassinat de Marat dans la correspondance. Voir la lettre suivante.

Au moment où je vous écris, la force armée se déploie avec un appareil formidable, des canons sont placés dans l'extrémité du Pont ci-devant Royal, du côté du faubourg Saint-Germain. Je les vois de ma fenêtre. J'en ai vis-à-vis ma porte. Les sections armées sont toutes en mouvement. La place du Carrousel est, dit-on, couverte d'artillerie. J'y ai vu arriver un canon par les quais. J'ignore si du côté de la place de la Révolution les mêmes mouvements s'exécutent, mais tout annonce un grand coup ; à en juger par les préparatifs, il sera terrible. Quel sera-t-il ? je ne puis le dire. La force armée ignore elle-même pourquoi elle est requise. Il paraît qu'on avait fermé toutes les issues de la Convention. Fasse le ciel que tout ceci se termine bien !....

... Le décret d'accusation contre les administrateurs de notre département est parti depuis dimanche. Il a été envoyé par un courrier extraordinaire.

La fièvre m'empêche de vous en écrire davantage.

XXIV

Paris, le 5 août 1793.

L'acceptation de la Constitution par les sections de notre ville a fait généralement plaisir ici. L'importance et le patriotisme de Brest faisaient désirer cette acceptation, et la grande majorité des sections de la République ayant solennellement déclaré reconnaître le nouveau système de gouvernement offert au peuple français, il était important que les villes d'un certain ordre exprimassent un vœu conforme à celui de presque toute la République. Cette acceptation pourrait être favorable à nos administrateurs, pour lesquels Barère s'intéresse fortement contre l'opinion de Robespierre et en faveur de qui j'ai stimulé Gohier, ministre de la justice..... Barère, que j'ai vu hier chez lui, m'a témoigné les meilleures intentions et m'a même laissé entrevoir que l'époque mémorable du 10 serait un jour de clémence. Puisse-t-il avoir dit vrai, et puissions-nous enfin voir avorter tous ces germes de discussions intestines dont nos ennemis se disposent à profiter !..... (1).

(1) L'espérance manifestée par Blad ne devait se réaliser ni pour lui, mis en état d'arrestation à quelque temps de là, ni pour les administrateurs du Finistère, dont vingt-six, condamnés à mort par le Tribunal révolutionnaire de Brest, furent exécutés le même jour, 3 prairial (22 mai 1794).

(Extrait de la *Révolution française*, cahier de décembre 1895.)

Paris. — Imprimerie L. MARETHEUX, 1, rue Cassette.

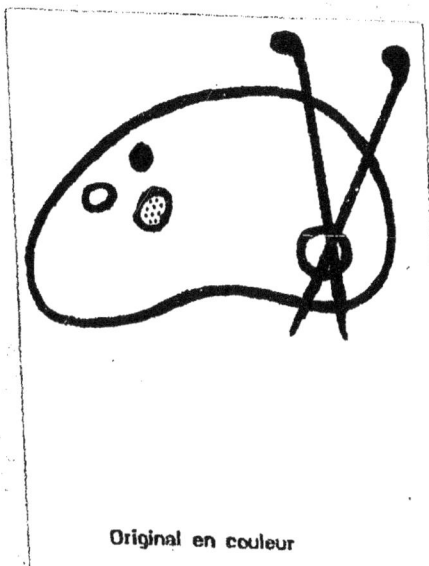

Original en couleur

NF Z 43-120-8

www.ingramcontent.com/pod-product-compliance
Lightning Source LLC
Chambersburg PA
CBHW060930050426
42453CB00010B/1932